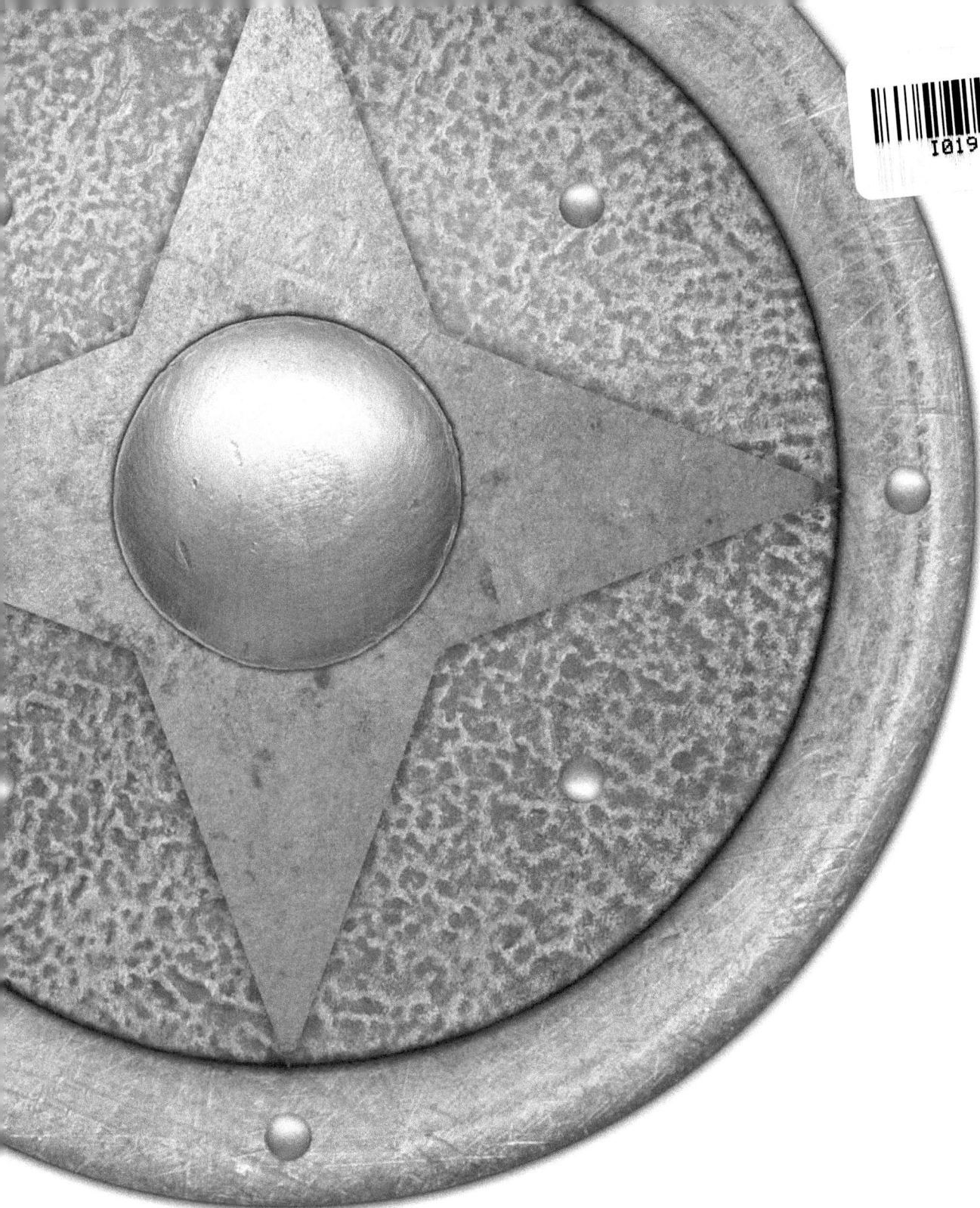

Reino inconmovible
Guerrero inquebrantable

Rev. Dr. Don L. Davis

SIAFU
CONFERENCIA DE HOMBRES
2015

The Urban Ministry Institute,
un ministerio de World Impact, Inc.

Reino inconmovible, Guerrero inquebrantable: Conferencia de Hombres SIAFU, 2015

© 2015. The Urban Ministry Institute. Todos los derechos reservados. La copia, redistribución y/o venta de estos materiales, o cualquier transmisión no autorizada, excepto que se permita expresamente por la Ley de derechos del autor de 1976 o por el permiso escrito del publicador. La solicitud de permiso debe dirigirse por escrito a:

The Urban Ministry Institute
3701 East 13th Street North
Wichita, KS 67208

ISBN: 978-1-62932-706-8

Publicado por TUMI Press
Una división de World Impact, Inc.

Título original en inglés: *Unshakeable Kingdom, Unwavering Warrior: SIAFU Men's Conference 2015*
Coordinador de traducción: Dr. Fernando Argumedo

The Urban Ministry Institute (El Instituto Ministerial Urbano) es un ministerio de World Impact, Inc.

Todas las citas bíblicas, a menos que se indique de otra forma, son de la Santa Biblia, versión Reina Valera © 1960 Sociedades Bíblicas Unidas. Usada con permiso. Todos los derechos reservados.

Dedicamos este libro a aquellos

guerreros del Espiritu de Cristo

Los que soportan la dureza
con el fin de cumplir el llamado con honor,
que siguen la estrategia de la sabiduría bíblica de Dios,
quienes sacrifican tiempo, talento y servicio para el Reino,
y que pacientemente soportan la prueba y sufrimiento en nombre de Cristo
con el fin de que su Reino pueda ser avanzado y su nombre glorificado
entre las personas más vulnerables en las ciudades del mundo.

Que Dios les conceda su Espíritu y su fuerza
en su lucha por el reino inconmovible
como guerreros inquebrantables
al servicio del Rey resucitado,
Cristo Jesús.

Mirad que no desechéis al que habla. Porque si no escaparon aquellos que desecharon al que los amonestaba en la tierra, mucho menos nosotros, si desecháremos al que amonesta desde los cielos. [26] La voz del cual conmovió entonces la tierra, pero ahora ha prometido, diciendo: Aún una vez, y conmoveré no solamente la tierra, sino también el cielo. [27] Y esta frase: Aún una vez, indica la remoción de las cosas movibles, como cosas hechas, para que queden las inconmovibles. [28] Así que, recibiendo nosotros un reino inconmovible, tengamos gratitud, y mediante ella sirvamos a Dios agradándole con temor y reverencia; [29] porque nuestro Dios es fuego consumidor.

~ Hebreos 12:25-29

Tabla de contenidos

"¡Toma la espada!"

~ La orden del Señor Bartok al Comandante Raiden en el cementerio, pasando a Raiden su espada, y otorgándole el privilegio y la responsabilidad de proteger el reino y el nombre de Bartok.

"Las heridas de honor son auto-infligidas".

~ El Señor Bartok en el sentido del honor, que se refleja en su negativa a ser sobornado por lacayo el emperador, y el irrompible código de honor tomado por sus propios caballeros del reino.

"Esta noche nuestro enemigo será testigo del código irrompible de la séptima fila. Nosotros reclamaremos lo que trataron de tomar, y restauraremos el nombre de nuestro maestro, la voz de nuestro pueblo, y el espíritu de nuestra nación".

~ El discurso del Comandante Raiden a los caballeros renegados del Clan de Bartok antes de que hicieron frente al concilio de Geeza Mott.

"El honor de su Padre ha sido recuperado. El nombre Bartok nunca será olvidado".

~ Palabras del Comandante Raiden de confirmacion a la hija del Senor Bartok después de su exitosa incursión en la fortaleza de Mott.

"Reino inconmovible, Guerrero inquebrantable"

Nuestro tema para la Conferencia del 2015 de los hombres SIAFU es *Reino inconmovible, Guerrero inquebrantable*. Se basa en el tema bíblico de los discípulos de Jesús urbanos sirviendo como inquebrantables guerreros para el avance del Reino inquebrantable de Dios. Estamos siguiendo la línea argumental de la pelicula *Los últimos caballeros*, una conmovedora historia de un guerrero caído que se alza para derrocar a un corrupto, gobernante sádico con el fin de vengar a su maestro deshonrado, y restaurar a los herederos de su señor a su lugar legítimo de autoridad y honor. Con honor, valor y perseverancia, estos caballeros planificaron y llevaron a cabo una operación en el tiempo que liberaría a los herederos de su amo, eliminaron la vergüenza traída a su casa, y restauraron el honor asociado con su nombre.

**"Hemos planeado, sacrificado, y esperado
el momento adecuado – y ahora – es el momento".**

~ Comandante Raiden a sus compañeros caballeros en la víspera de su
dramático ataque contra los líderes corruptos del imperio.
Los últimos caballeros

---

*Como inquebrantables guerreros de Cristo,
abracemos el código inquebrantable de honor,
toma la espada dada a nosotros por nuestro Maestro,
y vamos a luchar por el Reino
del honor a Jesucristo.*

Reino inconmovible, Guerrero inquebrantable

Viviendo como un guerrero de honor

Sesión 1
Trabaje el plan

Aprenda la disciplina de la siguiente estrategia

Conferencia de Hombres SIAFU, 2015

Dr. Don L. Davis

Reino inconmovible, Guerrero inquebrantable
Don L. Davis © 2015. Todos los derechos reservados.

Coro

Reino inconmovible, guerrero inquebrantable
Por el Señor Todopoderoso (sí, sí, sí, sí!)
Reino inconmovible, guerrero inquebrantable
Del Rey resucitado (inconmovible, inconmovible) (repetir)

Verso

No va a ser sacudido, este bendito Reino que hemos recibido
No puedo estar equivocado, va a correr por toda la eternidad
Luchamos por el honor, con corazones de gratitud y temor
El fuego consumidor, nuestro santo Dios ha aparecido ahora

Verso

Hemos escuchado el llamado, nos estamos moviendo fuera
Estamos listos para la pelea,
Tenemos un plan, nos sacrificaremos
Y cuando se tiene razón – ¡atacaremos!
Y cuando se gane la victoria
Glorificaremos a nuestro Rey
Y con la voz de grito triunfal
al que nos hizo libres

Comparta el sufrimiento como buenos soldados de Cristo Jesús

Tu pues, mi hijo, esfuérzate en la gracia que es en Cristo Jesús; Lo que has oído de mí ante muchos testigos, esto encarga a hombres fieles que sean idóneos para enseñar también a otros. Tu pues sufre penalidades como buen soldado de Jesucristo. Ninguno que milita se enreda en los negocios de la vida, a fin de agradar a aquel que lo tomó por soldado.

~ 2 Timoteo 2:1-4

Trabaje el Plan:

Aprenda la disciplina de la siguiente estrategia

Código del guerrero

Como hermanos llamados por Dios, confesamos que Jesús de Nazaret es el Señor, único hijo de Dios, nuestro Maestro y Rey. Representamos a su Reino, y buscamos agradar a Dios en nuestras relaciones y conducta. Seguiremos su plan, sacrificaremos todo para su gloria, y aprenderemos a esperar en su momento y la dirección de Él. Nuestro objetivo en la vida será glorificar a Jesús dondequiera que vayamos, en todo lo que decimos y hagamos, no importa a lo que nos enfrentemos o tengamos que soportar. Nos esforzaremos por ser hombres de honor, el remanente de los hermanos de Cristo, viviendo como guerreros inconmovibles para el Reino inquebrantable de Dios ¡Amén!

~ Una afirmación de nuestra victoria en Cristo

Sesión 1

Trabaje el Plan
Aprenda la disciplina de la siguiente estrategia

Rev. Dr. Don L. Davis

Los soldados de Cristo triunfan al trabajar en el plan de Dios
Los soldados ganan la victoria al aprender a usar las armas del Señor con fidelidad, con habilidad, día a día, repetidamente. Dios tiene un plan para entrenarnos, usarnos, para hacernos eficaces, pero requiere la práctica de serle fiel, en medio de las situaciones en que nuestras luchas y desafíos nos molestan. Ganamos el día al trabajar el plan, no en rescates milagrosos o cambios dramáticos. Un paso a la vez, una colina a la vez, una batalla a la vez – así es como llegamos a ser victoriosos.

- **Comience con algo pequeño, no se dé por vencido:** espere dificultades, angustia, tribulación y esté preparado para pasar por la prueba, y no alrededor de ella. Gal. 6:7-9.
- **Manténgase al pie de todas las cosas:** no permita que los pretextos oculten su falta de disciplina, 1 Cor. 13:7; 2 Tim. 3:12; Hechos 14:22.
- **No se avergüence de sufrir:** la resistencia del enemigo implica lucha que es la clave para el logro, 2 Tim. 1:8; Stg. 4:7; 1 Ped. 5:8-9.
- **Soporte todo por el bien del pueblo de Dios:** cuanto más aprenda a sufrir, se aprende mejor para servir, 2 Tim. 2:10.
- **Tome el ejemplo de Jesús:** que tuvo que soportar mucho por el bien del triunfo que le esperaba. Heb. 12: 1; Juan 16: 33; 15:20-21.

Como inquebrantables guerreros del Reino, tenemos que luchar juntos para liberar a nuestra generación del dominio del diablo.

Como inquebrantables guerreros del inconmovible Reino de Cristo, tenemos que aprender a . . .

- TRABAJAR EL PLAN: *Aprenda la disciplina de la siguiente estrategia*
- *Hacer el sacrificio:* Ríndase por completo e incondicionalmente para representar a Cristo
- *Aprender a esperar:* Soporte la prueba y la lucha a medida que busca la dirección de Dios y su voluntad

I. Contacto: ¿Existe un plan para el universo, y para nosotros?

El universo está en guerra – Elija un lado

Según la Biblia, nuestras vidas se viven en medio de una guerra espiritual invisible. Una de las cosas más peligrosas que podemos hacer es simplemente ignorar esta realidad. Aceptamos la Biblia como verdad pero a menudo vivimos como si existiera la batalla en algún campo misionero, y no aquí en nuestra propia ciudad. La verdad es que hay una batalla furiosa en su ciudad y le está afectando en estos momentos. . . . Cada uno de nosotros se enfrenta a las fuerzas demoníacas en nuestro ambiente local, pero como cristianos estamos llamados a una batalla más grande. Estamos contendiendo para toda nuestra generación. Estamos llamados a actuar localmente pero a pensar globalmente.

~ John Dawson. *Taking Our Cities for God.*
[Tomando Nuestras Ciudades para Dios] pp. 27, 29.

"¿Cuál es el plan?"

What's the plan?

¿Cuál es el plan bíblico para convertir todas las cosas y establecer bien las cosas?

¿Quién está a cargo del universo? ¿Las cosas siempre van a tener que ser así? ¿Está Dios a cargo de todo? Si El lo es, ¿cuál es su plan para que todo trabaje bien?

Tome tiempo para pensar en lo que usted sabe o ha escuchado hablar sobre el plan de Dios para el mundo, y haga una lista a continuación, paso a paso, en las siguientes lineas. ¿Cuál cree que es el plan de Dios para el universo?

1. _____
2. _____
3. _____
4. _____
5. _____
6. _____
7. _____
8. _____
9. _____
10. _____

II. Contenido: Estamos invitados a participar en el Plan de Dios para redimir a la creación a través de Su Hijo.

A. **DEFINA ESTO ESTRICTAMENTE.** El plan de Dios, desde el principio, ha sido el de destruir el mal y la rebeldía de su universo. ¡El universo está en guerra!

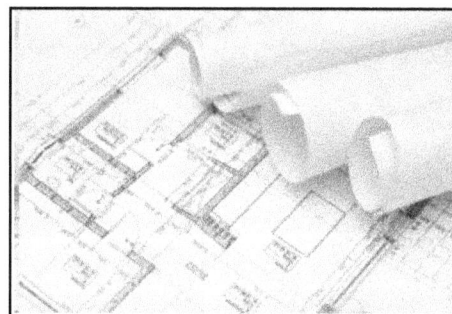

1. *Esta es una batalla por la supremacía: ¿Quién en última instancia, debe ser reconocida como la regla final soberana de todas las cosas?*

   a. Ex. 15:11 – ¿Quién como tú, oh Jehová, entre los dioses? ¿Quién como tú, magnífico en santidad, terrible en maravillosas hazañas, hacedor de prodigios?

   b. Deut. 5:7 – No tendrás dioses ajenos delante de mí.

   c. Deut. 6:5 – Y amarás al Señor tu Dios de todo tu corazón y de toda tu alma y con todas tus fuerzas.

2. *Esta es una batalla de autoridad: ¿Quiénes prevalecerán en las cosas del destino y de la creación?*

Vea el Apéndice 1, *La Historia de Dios: Nuestras Raíces Sagradas*

a. Isaías 43:10 – "Vosotros sois mis testigos, "Dice Jehová, y mi siervo que yo escogí, para que me conozcáis y creáis, y entendáis que yo mismo soy; antes de mi no fue formado dios, ni lo será después de mi".

b. Isaías 44.8 – No temáis, ni os amendrentéis; ¿no te lo hice oir desde la antigüedad, y te lo dije? Luego vosotros sois mis testigos. No hay Dios sino yo. No hay Fuerte; no conozco ninguno.

3. *Esta es la batalla para la gloria: ¿Quién es digno de recibir la gloria y la alabanza por el esplendor de la creación y la vida?* Sal. 115:1-3 – No a nosotros, oh Jehová, no a nosotros, sino a tu nombre da gloria, por tu misericordia, por tu verdad. [2] ¿Por qué han de decir las gentes: ¿Dónde está ahora su Dios? [3] Nuestro Dios está en los cielos; Todo lo que quiso ha hecho.

¡La pelea está en acción!
Dios declara que, a causa del pecado y la rebelión, el universo entero está en guerra. Desde la creación del universo, una batalla se ha desatado en los cielos donde Dios ha determinado rescatar el universo de los efectos de la maldición de Satanás y la primera pareja humana. Lo que está en juego, y ninguna pulgada cuadrada está impugnada. Es una guerra de precipitación, de drenaje por el control final y el destino de la creación. ¡Es una batalla por la preeminencia en el universo!

Véase el Apéndice 2, *Desde antes hasta después del tiempo: El plan de Dios y la historia humana*

B. ¡DESGLÓSELO! El plan de Dios fue enviar un Salvador que aplacaría la rebelión del diablo, cumplir su promesa del pacto para salvar Su creación, y rescatar a todas las personas que creen en su Campeón, Jesucristo el Señor.

1. *Es un plan antiguo.* Gen. 3:15 – Y pondré enemistad entre ti y la mujer, y entre tu simiente y la simiente suya; esta te herirá en la cabeza y tú le herirás en el calcañar.

2. *Es un plan adoptado.* Ef. 2:1-7 – Y el os dio vida a vosotros, cuando estabais muertos en vuestros delitos y pecados, [2] en los cuales anduvisteis en otro tiempo, siguiendo la corriente de este mundo, conforme al príncipe de la potestad del aire, el espíritu que ahora opera en los hijos de desobediencia, [3] entre los cuales también todos nosotros vivimos en otro tiempo en los deseos de nuestra carne, haciendo la voluntad de la carne y de los pensamientos, y éramos por naturaleza hijos de ira, lo mismo que los demás. [4] Pero Dios que es rico en misericordia, por su gran amor con que nos amó, [5] aun estando nosotros muertos en pecados, nos dio vida juntamente con cristo (por gracia sois salvos), [6] y juntamente con él nos resucitó, y asi mismo nos hizo sentar en los lugares celestiales con Cristo Jesús, [7] para mostrar en los siglos venideros las abundantes riquezas de su gracia en su bondad para con nosotros en Cristo Jesús.

3. *Se trata de un plan anunciado.*

a. Mateo 28:18-20 – Y Jesús se acercó y les hablo diciendo: Toda potestad me es dada en el cielo y en la tierra. [19] Por tanto id, y haced discípulos a todas las naciones, bautizándolos en el nombre del Padre, y del hijo, y del Espiritu Santo; [20] enseñándoles que guarden todas las cosas que os he mandado; y he aquí yo estoy con vosotros todos los días, hasta el fin del mundo. Amén.

b. Marcos 16:15-16 – Y les dijo: "Id por todo el mundo y predicad el evangelio a toda criatura. [16] El que creyere y fuere bautizado, será salvo, mas el que no creyere, será condenado".

c. Juan 20:30-31 – Hizo además Jesús muchas otras señales en presencia de sus discípulos, las cuales no están escritas en este libro. [31] Pero éstas se han escrito para que creáis que Jesús es el Cristo, el Hijo de Dios, y para que creyendo, tengáis vida en su nombre.

C. REVISE ESTO. El plan de Dios es llamar y equipar a los guerreros que fueron destituidos para hacer discípulos en todas las naciones.

Véase el Apéndice 3,
Jesús de Nazaret: La presencia del futuro

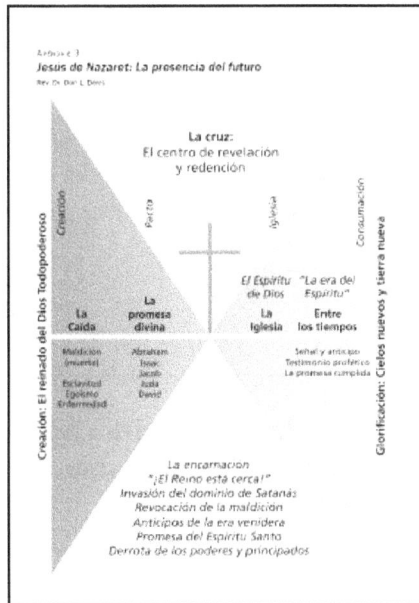

Apéndice 3
Jesús de Nazaret: La presencia del futuro
Rev. Dr. Dan L. Davis

La cruz:
El centro de revelación y redención

Creación: El reinado del Dios Todopoderoso

Creación

Caída

Iglesia

Consumación

El Espíritu de Dios   "La era del Espíritu"

La Caída   La promesa divina   La Iglesia   Entre los tiempos

Maldición (muerte)   Abraham   Isaac   Jacob   Judá   David

Señal y anticipo   Testimonio profético   La promesa cumplida

Esclavitud   Egoísmo   Enfermedad

Glorificación: Cielos nuevos y tierra nueva

La encarnación
"¡El Reino está cerca!"
Invasión del dominio de Satanás
Revocación de la maldición
Anticipos de la era venidera
Promesa del Espíritu Santo
Derrota de los poderes y principados

1. *Todo está un juego.* Rom. 8:18-21 – Pues tengo por cierto que las aflicciones del tiempo presente no son comparables con la gloria venidera que en nosotros ha de manifestarse. [19] Porque el anhelo ardiente de la creación es el aguardar la manifestación de los hijos de Dios. [20] Porque la creación fue sujetada a vanidad, no por su propia voluntad, sino por causa del que la sujetó, en esperanza [21] porque también la creación misma será libertada de la esclavitud de corrupción, a la libertad gloriosa de los hijos de Dios.

2. *Todo el mundo está involucrado.* Juan 3:16-17 – Porque de tal manera amó Dios al mundo, que ha dado a su Hijo único, para que todo aquel que en él cree, no se pierda, mas tenga vida eterna. [17] Porque no envió Dios a su Hijo al mundo para condenar al mundo, sino para que el mundo sea salvo por él.

3. *Todo el mal será puesto hasta abajo.*

    a. Ap. 1:17-18 – Cuando le vi, caí como muerto a sus pies. Y él puso su diestra sobre mi, diciendo: "No temas; yo soy el primero y el último". [18] Y el que vivo, por los siglos de los siglos, amén. Y tengo las llaves de la muerte y del Hades".

    b. Col. 2:15 – Y despojando a los principados y a las potestades, los exhibió públicamente, triunfando sobre ellos en la cruz.

    c. 1 Juan 4:4 – Hijitos, vosotros sois de Dios y los habéis vencido, porque mayor es él que está en vosotros que el que está en el mundo.

    d. 1 Juan 3:8 – El que practica el pecado es del diablo, porque el diablo peca desde el principio. Para esto apareció el Hijo de Dios para deshacer las obras del diablo.

El Plan de Dios: Jesús fue enviado para destruir las obras de Satanás, el instigador de la rebelión del universo

Sabiendo Jesús los pensamientos de ellos, les dijo: Todo reino dividido contra sí mismo es asolado, y toda ciudad o casa dividida contra sí misma no permanecerá. [26] Y si Satanás echa fuera a Satanás, contra sí mismo está dividido; ¿Cómo, pues, permanecerá su reino? [27] Y si yo hecho fuera los demonios por Beelzebu, por quién los echan vuestros hijos? Por tanto, ellos serán vuestros jueces. [28] Pero si yo por el Espíritu de Dios hecho fuera los demonios, ciertamente ha llegado a vosotros el reino de Dios. [29] Porque ¿cómo puede alguno entrar en la casa del hombre fuerte y saquear sus bienes, si primero no le ata? Y entonces podrá saquear su casa. [30] El que no es conmigo, contra mí es, y el que conmigo no recoge, desparrama".

~ Mateo 12:25-30

III. Conexión: Debemos comprometernos para trabajar el Plan de Dios revelado por medio de Cristo.

A. LA CLAVE PRINCIPAL. *Trabajar el plan que el Señor ha establecido.* Sal. 33:11 – El consejo de Jehová permanecerá para siempre, los pensamientos de su corazón por todas las generaciones.

B. EL PLAN DEL SEÑOR NO PUEDE SER FRUSTRANTE.

1. *Nadie puede alterar los planes de Dios.*

   a. Job 23:13 – Pero si el determina una cosa, ¿quién lo hará cambiar? su alma deseó e hizo.

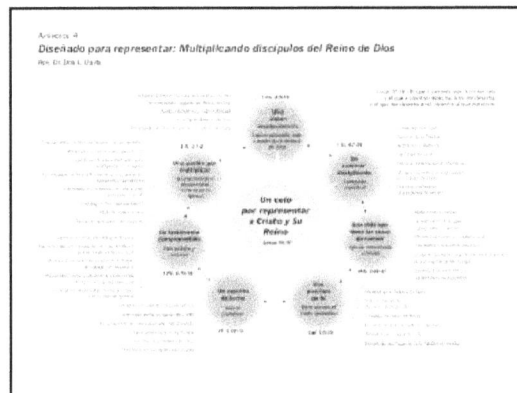

Véase el Apéndice 4, *Diseñado para representar: Multiplicando discípulos del Reino de Dios*

   b. Prov. 19:21 – Muchos pensamientos hay en el corazón del hombre, mas el consejo de Jehová permanecerá.

   c. Isa. 14:24 – Jehová de los ejércitos juró diciendo: "Ciertamente se hará de la manera que lo he pensado, y será confirmado como lo he determinado".

2. *Sus planes son siempre más profundos de lo que piensa.*

   a. Sal. 92:5 – ¡Cuán grandes son tus obras, oh Jehová! Muy profundos son tus pensamientos.

IC XC NI KA (cruz)

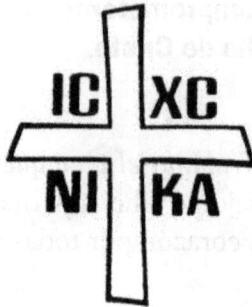

b. Isa. 55:8-9 – Porque mis pensamientos no son vuestros pensamientos, ni vuestros caminos mis caminos, dijo Jehová. [9] Como son más altos los cielos que la tierra, así son mis caminos más altos que vuestros caminos, y mis pensamientos más que vuestros pensamientos.

3. *El plan de Dios es darnos un futuro y una esperanza.* Jer. 29:11-13 – Porque yo sé los planes que el tiene para tí, dice Jehová, pensamientos de paz y no de mal, para daros el fin que esperáis. [12] Entonces me invocaréis, y vendréis y oraréis a mi, y yo os oiré. [13] y me buscaréis y me hallaréis, porque me buscaréis de todo vuestro corazón.

¡Los guerreros de Dios siguen los planes de Dios!

Para ser un guerrero de Cristo tenemos que hacer un firme y claro compromiso de seguir su plan, de hacer su voluntad, seguir sus mandatos, y nunca regresar atrás. Usted puede identificar los que son de Cristo al ver los que hacen su voluntad, obedecen sus mandamientos y siguen sus planes, a pesar de todo.

Ellos complacen al oficial en comando. 2 Tim. 2:3-4 – Tú, pues, sufre penalidades como buen soldado de Jesucristo. [4] Ninguno que milita se enreda en los negocios de la vida, a fin de agradar a aquel que lo tomo por soldado.

Guardan los mandamientos del capitán. Juan 15:10-14 - Si guardáis mis mandamientos, permaneceréis en mi amor, así como yo he guardado los mandamientos de mi Padre y permanezco en su amor. [11] Estas cosas os he hablado, para que mi gozo esté en vosotros, y vuestro gozo sea cumplido. [12] Este es mi mandamiento: que os améis unos a otros como yo os he amado. [13] Nadie tiene mayor amor que éste, que uno ponga su vida por sus amigos. [14] Vosotros sois mis amigos, si hacéis lo que yo os mando.

Siguen su plan contra viento y marea. Juan 14:21-24 - "El que tiene mis mandamientos y los guarda, ése es el que me ama. Y el que me ama será amado por mi Padre, y yo se le amaré y me manifestaré a él". [22]Le dijo Judas (no el Iscariote): "Señor, ¿cómo es que te manifestarás a nosotros y no al mundo"? [23] Respondió Jesús y le dijo: "El que me ama, mi palabra guardará; y mi Padre le amará, y vendremos a él y haremos morada con él. [24] El que no me ama, no guarda mis palabras. Y la palabra que habéis oído no es mía, sino del Padre que me envió".

El Reino se establecerá . . .
Y en los días de estos reyes el Dios del cielo levantará un reino
que no será jamás destruido, ni será el reino dejado a otro pueblo;
desmenuzará y consumirá a todos esto reinos, pero él permanecerá
para siempre.

~ Daniel 2:44

¡El plan de Dios es para que se una a la lucha!
Cada cristiano es un campo de batalla en pie. Cada creyente lleva
dentro de sí mismo un conflicto muy profundo. Y la mayoría de
nosotros va a tratar cualquier cosa que le ayude a ganar la batalla.
Llámele la batalla entre la carne y el espíritu. Llámele la búsqueda de
la vida cristiana victoriosa. Llámale lo que quiera. Pero es una guerra
completamente golpeada y arrastrada y cuando se acabe, usted
quiere estar entre los que todavía se mantienen en pie. Las prácticas
de guerra se enseñan en las academias militares en todo el mundo.
En la mayoría de los veces, la guerra espiritual no es diferente que la
guerra física. Cada soldado que espera no sólo sobrevivir, sino ganar
debe comprender y emplear estos principios en sus propias batallas
diarias "contra potestades, contra los gobernadores de las tinieblas de
este siglo, contra huestes espirituales de maldad en las regiones
celestes". (Efesios 6:12b)

~ Stu Webber. *Spirit Warriors [Guerreros del Espíritu]*.
Sisters, OR: Multnomah Publishers, 2001, p. 16.

Como inquebrantables guerreros del inconmovible Reino de Cristo,
tenemos que aprender a . . .

- TRABAJAR EL PLAN: *Aprenda la disciplina de la siguiente estrategia*
- *Hacer el sacrificio:* Ríndase por completo e incondicionalmente
  para representar a Cristo
- *Aprender a esperar:* Soporte la prueba y la lucha a medida que
  busca la dirección de Dios y su voluntad

Reino inconmovible, Guerrero inquebrantable

Viviendo como un guerrero de honor

Sesión 2

Haga el sacrificio

Incondicionalmente entregue todo para representar a Cristo y a su Reino

Conferencia de Hombres SIAFU, 2015

Dr. Don L. Davis

Reino inconmovible, Guerrero inquebrantable
Don L. Davis © 2015. Todos los derechos reservados.

Coro

Reino inconmovible, guerrero inquebrantable
Por el Señor Todopoderoso (sí, sí, sí, sí!)
Reino inconmovible, guerrero inquebrantable
Del Rey resucitado (inconmovible, inconmovible) (repetir)

Verso

No va a ser sacudido, este bendito Reino que hemos recibido
No puedo estar equivocado, va a correr por toda la eternidad
Luchamos por el honor, con corazones de gratitud y temor
El fuego consumidor, nuestro santo Dios ha aparecido ahora

Verso

Hemos escuchado el llamado, nos estamos moviendo fuera
Estamos listos para la pelea,
Tenemos un plan, nos sacrificaremos
Y cuando se tiene razón – ¡atacaremos!
Y cuando se gane la victoria
Glorificaremos a nuestro Rey
Y con la voz de grito triunfal
al que nos hizo libres

Comparta el sufrimiento como buenos soldados de Cristo Jesús

Tu pues, mi hijo, esfuérzate en la gracia que es en Cristo Jesús; Lo que has oído de mí ante muchos testigos, esto encarga a hombres fieles que sean idóneos para enseñar también a otros. Tu pues sufre penalidades como buen soldado de Jesucristo. Ninguno que milita se enreda en los negocios de la vida, a fin de agradar a aquel que lo tomó por soldado.

~ 2 Timoteo 2:1-4

Haga el sacrificio:

Incondicionalmente entregue todo para representar a Cristo y a su Reino

Código del guerrero

Como hermanos llamados por Dios, confesamos que Jesús de Nazaret es el Señor, único hijo de Dios, nuestro Maestro y Rey. Representamos a su Reino, y buscamos agradar a Dios en nuestras relaciones y conducta. Seguiremos su plan, sacrificaremos todo para su gloria, y aprenderemos a esperar en su momento y la dirección de Él. Nuestro objetivo en la vida será glorificar a Jesús dondequiera que vayamos, en todo lo que decimos y hagamos, no importa a lo que nos enfrentemos o tengamos que soportar. Nos esforzaremos por ser hombres de honor, el remanente de los hermanos de Cristo, viviendo como guerreros inconmovibles para el Reino inquebrantable de Dios ¡Amén!

~ Una afirmación de nuestra victoria en Cristo

Sesión 2

Haga el sacrificio
Incondicionalmente entregue todo para representar a Cristo y a su Reino

Rev. Dr. Don L. Davis

El enemigo obstruye nuestra vida de sacrificio a través de reacciones emocionales

Nuestro problema es que nos hemos acostumbrado tanto a la creencia de nuestros sentimientos como si fueran hechos. *Nunca los examinamos. Nunca los tomamos, miramos y nos preguntamos, "¿Es esto verdad?"* Simplemente decimos: "me siento así. Por lo tanto, debe ser verdad". Es por eso que muchos están constantemente derrotados; aceptan sus sentimientos como hechos. Más bien, hemos de decir: "Cristo es mi justicia. Estoy vinculado con él. Soy uno con él. Su vida es mi vida y mi vida es su vida. Estamos casados. Por lo tanto, yo no puedo creer esa mentira que estos pensamientos malos son mis pensamientos. Estos no son mis pensamientos en lo absoluto. Son pensamientos que vienen a causa de otra fuerza. Estos no son mis pensamientos en lo absoluto. No, es el diablo nuevamente. No quiero estos pensamientos. No me gustan. Yo los rechazo. Yo no los quiero en mis pensamientos; por lo tanto no son míos. Son del diablo, y voy rechazarlos y enviarlos de regreso donde pertenecen".

~ Ray Stedman. *Spiritual Warfare [Guerra Espiritual]*.
Waco, TX: Word Books, 1976, p. 129.

Como inquebrantables guerreros del Reino, debemos luchar juntos para liberar a nuestra generación de la dominación del diablo.

Como inquebrantables guerreros del Reino de Cristo, tenemos que aprender a . . .

- *Trabajar el plan:* Aprenda la disciplina de la siguiente estrategia
- HACER EL SACRIFICIO: *Ríndase por completo e incondicionalmente*
- *para representar a Cristo*
- *Aprender a esperar:* Soporte la prueba y la lucha a medida que busca la dirección de Dios y la voluntad

I. Contacto: ¿Cuál es el verdadero significado del sacrificio de Cristo?

_____

Dándose cuenta de la autoridad de Cristo

El centro de controversia en todo el universo se refiere a quién tiene la autoridad. Tenemos que lidiar con Satanás al afirmar que la autoridad es con Dios. Tenemos que someternos a la autoridad de Dios y defender la autoridad de Dios. Debemos cumplir con la autoridad del rostro de Dios cara a cara y tener una realización básica de la misma. Antes de que Pablo se diera cuenta de la autoridad, quería erradicar la Iglesia de la tierra. Pero después de conocer al Señor en el camino a Damasco, se dio cuenta de que era difícil dar coces contra el aguijón (autoridad de Dios) con sus pies (energía del hombre). Él inmediatamente se postró, reconoció a Jesús como Señor, y presentado a la instrucción de Ananías en Damasco. Pablo se encontró con la autoridad de Dios. En su conversión, Pablo fue llevado no sólo *a realizar la salvación de Dios,* sino también *la realización de la autoridad de Dios* [la cursiva es mía].

~ Watchman Nee. *Spiritual Authority [Autoridad Espiritual].* p. 3

_____

¿Verdadero o Falso?

Conteste las siguientes afirmaciones sobre la naturaleza del sacrificio como verdadero o falso.

Pasa algún tiempo pensando en lo que usted sabe o ha oído hablar de sacrificar y entregar todo por Cristo, para cumplir con su plan para el mundo. Encierre en un círculo la respuesta correcta, como usted la entienda.

V o F   1. Es posible servir a Cristo nuestro capitán con honor y sin sacrificio.

V o F   2. Toda persona que vive piadosamente en Cristo sin duda será perseguido/a por ello.

V o F   3. Declaración de Jesús, "El siervo no es mayor que su señor", significa que tenemos que esperar para ser honrado de la misma manera que Jesús fue honrado, ya sea que suframos lo que él hizo o no.

V o F   4. Sólo algunos de los soldados de Cristo son llamados a sufrir y sacrificarse por su nombre.

V o F   5. La devoción extrema a Cristo exige que nosotros nos mantengamos firmes, no importa qué, hasta el final.

V o F   6. Para ser un sacrificio vivo solamente implica estar dispuesto a dar todo por Cristo, pero no necesariamente hacerlo.

V o F   7. El plan que Dios puede incluir o no un gran sacrificio para nosotros y nuestros seres queridos.

II. Contenido: Somos llamados a sacrificar nuestras vidas por Cristo para cumplir su llamado en nuestras vidas.

A. DEFINA ESTO ESTRICTAMENTE. Con el fin de ejecutar el plan de Dios como uno de sus guerreros, usted debe estar dispuesto a sacrificar todo para su honor y gloria.

1. *Morimos con Cristo al pecado.*

     a. Juan 12:24-26 – De cierto, de cierto os digo, que si el grano de trigo no cae en la tierra y muere, queda solo; pero si muere, lleva mucho fruto. [25] El que ama su vida, la perderá; y el que aborrece su vida en este mundo, para vida eterna la guardará. [26] Si alguno me sirve, sígame; y donde yo estuviere, allí también estará mi servidor. Si alguno me sirviere, mi Padre le honrará.

b. Rom. 6:3-5 – ¿Oh no sabéis que todos los que hemos sido bautizados en Cristo Jesús hemos sido bautizados en su muerte? [4] Porque somos sepultados juntamente con él para muerte por el bautismo, a fin de que como Cristo resucitó de los muertos por la gloria del Padre, así también nosotros andemos en vida nueva. [5] Porque si fuimos plantados juntamente con él en la semejanza de su muerte, asi también nosotros andemos en vida nueva.

2. *Morimos con Cristo para el mundo.*

   a. Mt. 10:38-39 – Y el que no toma su cruz y sigue en pos de mi, no es digno de mí. [39] El que halla su vida, la perderá; y el que pierde su vida por causa de mí, la hallará.

   b. Gal. 6:14 – Pero lejos esté de mí gloriarme, sino en la cruz de nuestro Señor Jesucristo Cristo, por quien el mundo es crucificado a mí y yo al mundo.

   c. 2 Tim. 2:3-4 – Tu pues, sufre penalidades como buen soldado de Jesucristo. [4] Ningúno que limita se enreda en los negocios de la vida, a fin de agradar a aquel que lo tomó por soldado.

3. *Morimos con Cristo a la carne (nuestro "yo", es decir, la naturaleza vieja y pecaminosa).*

   a. Gal. 2:20 – Con Cristo estoy juntamente crucificado, y ya no vivo yo, mas vive Cristo en mi; y lo que ahora vivo en la carne, lo vivo en la fe del Hijo de Dios, el cual me amó y se entregó a si mismo por mi.

   b. 1 Tim. 1:18-19 – Este mandamiento, hijo Timoteo, te encargo, para que conforme a las profecías que se hicieron antes en cuanto a ti, milites por ellas la buena milicia, [19] manteniendo la fe y buena conciencia, desechando la cual naufragaron en cuanto a la fe algunos.

El sacrificio de Cristo es el combustible del movimiento misionero

La fe blanca ardiente es el combustible que funciona con los movimientos misioneros. Nada nos lleva a una profunda dependencia de Dios, nada nos lleva a una dependencia física del poder de Dios más que el encontrarse cara a cara con nuestra necesidad desesperada de él. Jesús es el Apóstol y Pionero de nuestra fe. Él abrió el camino para nosotros para darle la entrega total a la voluntad de Dios y el poder del Espíritu Santo.

~ Steve Addison

B. ¡Desglóselo! No podemos seguir el plan de Dios sin hacer el sacrificio que el plan requiere. *¡Sin sacrificio, no hay plan!*

1. *Es un sacrificio duro.* 2 Cor. 4:7-12 - Pero tenemos este tesoro en vasos de barro, para que la excelencia del poder sea de Dios y no de nosotros, [8] que estamos atribulados en todo, mas no angustiados; en apuros, mas no desesperados; [9] perseguidos, mas no desamparados; derribados, pero no destruidos; [10] llevando en el cuerpo siempre por todas partes la muerte de Jesús, para que tambien la vida de Jesús se manifieste en nuestros cuerpos. [11] Porque nosotros que vivimos, siempre estamos entregados a muerte por causa de Jesús, para que también la vida de Jesús se manifieste en nuestra carne mortal. [12] De manera que la muerte actúa en nosotros, y en vosotros la vida.

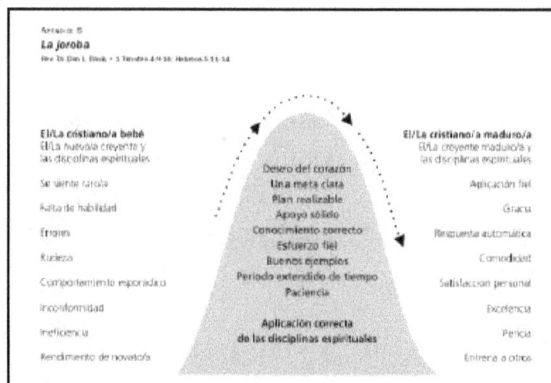

Véase el Apéndice 5, *La joroba*

2. *Es un sacrificio común.* 1 Ped. 5:8-10 – Sed sobrios y velad; porque vuestro adversario el diablo como león rugiente, anda alrededor buscando a quien devorar. [9] Al cual resistid firmes en la fe, sabiendo que los mismos padecimientos se van cumpliendo en vuestros hermanos en todo el mundo. [10] Mas el Dios de toda gracia, que nos llamó a su gloria eterna en Jesucristo, después que hayáis padecido un poco de tiempo, el mismo os perfeccione, afirme, fortalezca y establezca.

3. *Es un sacrificio diario.*

Vea Apéndice 6, Pasos para equipar a otros

a. Lucas 9:23-26 – Y decía a todos: "Si alguno quiere venir en pos de mí, niéguese sí mismo, tome su cruz cada día y sígame. [24] Porque todo el que quiera salvar su vida, la perderá, Y todo el que pierda su vida por causa de mi, este la salvará. [25] Pues, Que aprovecha al hombre, si gana todo el mundo, y se destruye o se pierde a si mismo? [26] Porque el que se avergonzare de mí y de mis palabras, de éste se avergonzara el Hijo del hombre cuando venga en su gloria y en la del Padre y de los santos ángeles".

b. 1 Cor. 15:31 – Os aseguro, hermanos, por la gloria que de vosotros tengo en nuestro Senor Jesucristo, que cada dia muero.

c. Rom. 8:35-37 – ¿Quién nos separará del amor de Cristo? ¿Tribulación, o angustia, o persecución, o hambre, o desnudez, o peligro, o espada? [36] Como está escrito: "Por causa de ti somos muertos todo el tiempo; somos contados como ovejas de matadero". [37] Antes, en todas estas cosas somos más que vencedores por medio de aquel que nos amó.

C. REVISE ESTO. Nos sacrificamos para cumplir la voluntad de Dios, por lo que el hizo por nosotros. *Asi como el lo hizo así debemos hacerlo nosotros.*

1. *Dios nos empieza a formar en cuanto nos rendimos a Él. El Espíritu de Dios nos ayuda cuando compartimos en sus sufrimientos.*

   a. Isa. 64:8 – Ahora pues, oh Jehová, tú eres nuestro padre; nosotros barro, y tú el que nos formaste; asi que obra de tus manos somos todos nosotros.

   b. Rom. 8:14-17 – Por todos los que son guiados por el Espíritu de Dios estos son hijos de Dios. [15] Pues no habéis recibido el espíritu de esclavitud para estar otra vez en temor, sino que habéis recibido el Espíritu de adopción como hijos, por el cual clamamos: "¡Abba! Padre!" [16] El Espíritu mismo da testimonio a nuestro espíritu de que somos hijos de Dios, [17] y si hijos, tambien herederos - herederos de Dios y coherederos de Cristo, si es que padecemos juntamente con el, para que juntamente con el seamos glorificados.

Véase el Apéndice 7, *Las ley de la siembra y la cosecha*

2. *Su sacrificio es ahora un modelo y un ejemplo para nosotros.*

   a. Fil. 2:5-8 – Haya pues en vosotros, este sentir que hubo tambien en Cristo Jesús, [6] el cual, siendo en forma de Dios quien, a pesar de que fue en forma de Dios, no estimó el ser igual a Dios como cosa a que aferrarse, consideró el ser igual a Dios como cosa a que aferrarse, [7] sino que se despojó a sí mismo tomando forma de siervo, hecho semejante a los hombres; [8] y estando en la condición de hombre, se humillo a si mismo, haciéndose obediente hasta la muerte, y muerte de cruz.

b. Juan 13:13-17 – Vosotros me llamáis Maestro, y Señor; y decís bien, porque lo soy. [14] Pues si yo, el Señor y el Maestro, he lavado vuestros pies, vosotros también debéis lavaros pies los unos a los otros. [15] Porque ejemplo os he dado, para que como yo os he hecho vosotros hagáis también. [16] De cierto, de cierto os digo: El siervo no es mayor que su señor, ni el enviado es mayor que el que le envió. [17] Si sabéis estas cosas, bienaventurados seréis si las hiciereis.

Pablo el Apóstol: El Plan de Dios para rescatar a otros exige que sus soldados hagan el sacrificio total por el bien del Reino de Dios

Hechos 26:15-18 – Yo entonces dije: "¿Quién eres, Señor?" Y el Señor dijo: "Yo soy Jesús a quien tú persigues. [16] Pero levántate y ponte sobre tus pies, porque para esto he aparecido a ti, para ponerte por ministro y testigo de las cosas que has visto, y de aquellas en que me apareceré a ti, [17] librándote de tu pueblo y de los gentiles a quienes ahora te envío, [18] para que abras sus ojos, para que se conviertan de las tinieblas a la luz y de la potestad de Satanás a Dios, para que reciban, por la fe que es en mi, perdón de pecados y herencia entre los santificados".

Hechos 26:19-21 – Por lo cual, oh rey Agripa, no fui rebelde a la visión celestial, [20] sino que anuncie primeramente a los que están en Damasco, y Jerusalén, y por toda la tierra de Judea, y a los gentiles, que se arrepintiesen y se convirtiesen a Dios, haciendo obras dignas de arrepentimiento. [21] Por causa de esto los Judios, prendiéndome en el templo intentaron matarme.

3. *Como sus soldados, estámos llamados a seguir sus pasos,* 1 Ped. 2:21-24 – Pues para esto fuisteis llamados; porque también Cristo padeció por nosotros, dejándonos ejemplo, para que sigáis sus pisadas. [22] Él cual no hizo pecado, ni se halló engaño en su boca. [23] Quien cuando le maldecían, no respondía con maldición; cuando padecía, no amenazaba, sino encomendaba la causa al que juzga justamente. [24] Quien llevó Él mismo nuestros pecados en su cuerpo sobre el madero, para que nosotros, estando muertos a los pecados, vivamos a la justicia; Y por cuya herida fuisteis sanados.

III. Conexión: El Plan de Dios sólo tiene éxito si rendimos incondicionalmente todo a él.

A. La clave principal. *Haga el sacrificio para que el Señor pueda usarlo para trabajar en el plan.* 2 Tim. 2:20-21 – Pero en una casa grande no sólamente hay utensilios de oro y de plata, sino también de madera y barro; y unos son para usos honrosos, y otros para usos viles. [21] Asi que, si alguno se limpia de estas cosas, será instrumento para honra, santificado, útil al Senor, y dispuesto para toda buena obra.

B. Hacer el sacrificio involucra liberarse de una buena guerra (1 Tim. 1:18)

1. *Proteja sus pensamientos, sus pasos, su lengua y su tiempo.*

a. Proteja sus *pensamientos*. Fil. 4:8 – Por lo demás, hermanos, todo lo que es verdadero, todo lo honesto, todo lo justo, todo lo puro, todo lo amable, todo lo que es de buen nombre; si hay virtud alguna, si algo digno de alabanza, en esto pensad.

b. Proteja sus *pasos*.

(1) Prov. 3:5-6 – Fíate de Jehová de todo tu corazón, y no te apoyes en tu propia prudencia. [6] Reconócelo en todos tus caminos, y él enderezará tus veredas.

(2) Col. 3:17 – Y todo lo que hacéis, sea de palabra o de hecho, hacedlo todo en el nombre del Señor Jesús, dando gracias a Dios Padre por medio de él.

c. Proteja sus *lengua*. 1 Ped. 3:10-12 – Porque "El que quiera amar la vida y ver días buenos, refrene su lengua del mal, y sus labios no hablen engaño; [11] Apártese del mal y haga el bien; Busque la paz y sígala. [12] Porque los ojos del Señor están sobre los justos, y sus oídos atentos a sus oraciónes. Pero el rostro del Señor está contra aquellos que hacen el mal".

d. Proteja su *tiempo*. Ef. 5:15-18 – Mirad pues, con diligencia como andéis, no como necios sino como sabios, [16] aprovechando bien el tiempo, porque los días son malos. [17] Por tanto, no seáis insensatos, sino entendidos de cuál sea la voluntad del Señor. [18] No os embriagueis con vino, en lo cual hay disolución; antes bien sed llenos del Espíritu.

Vea el Apéndice 8,
*Desde la ignorancia hasta
el testimonio creíble*

2. *Discipline su cuerpo y manténgalo bajo control*, 1 Cor. 9:22-27 – Me he hecho débil a los débiles, para ganar a los débiles; a todos me he hecho todo para que de todos modos salve a algunos. [23] Y esto hago por causa del evangelio, para hacerme copartícipe de el. [24] ¿No sabeis que los que corren en el estadio, todos a la verdad corren, pero uno solo se lleva el premio? Corred de tal manera que lo obtengais. [25] Todo aquel que lucha, de todo se abstiene, ellos a la verdad, para recibir una corona corruptible,

pero nosotros una incorruptible. [26] Así que, yo de esta manera corro, no como a la aventura; de esta manera peleo, no como quien golpea al aire,[27] sino que golpeo mi cuerpo y lo pongo en servidumbre, no sea que habiendo sido heraldo para otros, yo mismo venga a ser eliminado.

3. *Deje de actuar sorprendido que para vivir por Cristo es difícil.*
1 Ped. 4:12-14 – Amados, no os sorprendáis del fuego de prueba que os ha sobrevenido, como si alguna cosa extraña os aconteciese, [13] Sino gozaos por cuanto sois participantes de los padecimientos de Cristo, para que también en la revelación de su gloria os gocéis con gran alegría. [14] Si sois vituperados por el nombre de Cristo, sois bienaventurados, porque el glorioso Espíritu de Dios reposa sobre vosotros.

¡Los guerreros de Dios entienden y libremente hacen los sacrificios para la batalla espiritual!

Ser un guerrero de Cristo es hacer un compromiso firme y claro de seguir su plan - para hacer su voluntad, seguir sus órdenes, y nunca retroceder. Usted puede identificar a los que son de Cristo por aquellos que actúan en su voluntad, que obedecen sus mandamientos y siguen sus planes, no importando qué.

La Iglesia en Occidente hoy presenta un blanco demasiado fácil para Satanás. No creemos que estamos en guerra. No sabemos donde se encuentra el campo de batalla, y a pesar que nuestras armas, no están cargadas ni dirigidas al objetivo correcto. Nosotros estamos mejor equipados para un desfile que para un desembarco anfibio.

~ Ed Silvoso

Vivimos porque El se dio por nosotros

Porque ya conocéis la gracia de nuestro Señor Jesucristo, que por amor a vosotros se hizo pobre, siendo rico para que vosotros con su pobreza fueseis enriquecidos.

~ 2 Corintios 8:9

Formado por el Comando; Disciplinado por un sacrificio

El método favorito de Jesús para enseñar a sus discípulos fue a través de la formación. La formación no es para decirle a la gente cosas que ya saben, sino para ordenarles a hacer cosas específicas. Jesús dijo: a los discípulos: "Ir a tal-y-a tal ciudad. No saluden, no saluden a nadie en el camino. Al llegar a una casa digan: "La paz de Dios sea sobre esta casa". Sanad a los enfermos. Come lo que te den. Anuncien que el reino de Dios está cerca, y pasen de casa en casa. Y si no te reciben en la casa, pasen a la siguiente casa. "Jesús no predicó sermones inspiradores; esos son para las personas desobedientes, para transmitir lo que sería bueno si les gustaría hacer lo que Jesús ordenó. Predicamos el mensaje de inspiración, y mientras el órgano toca y el coro canta, tratamos de persuadir a las personas a tomar decisiones – pero la decisión ¿de qué? Jesús no sugirió, ni suplico; El dio mandamientos.

~ Juan Carlos Ortiz. *Call to Discipleship [Llamado al discipulado]*. Plainfield, NJ: Logos International, 1975, pp. 71-72.

Como inquebrantables guerreros del Reino de Cristo, tenemos que aprender a . . .

- *Trabajar el plan:* Aprenda la disciplina de la siguiente estrategia
- Hacer el sacrificio: *Ríndase por completo e incondicionalmente*
- *para representar a Cristo*
- *Aprender a esperar:* Soporte la prueba y la lucha a medida que busca la dirección de Dios y la voluntad

Reino inconmovible, Guerrero inquebrantable

Viviendo como un guerrero de honor

Sesión 3
Aprender a esperar

Soporte la prueba y la lucha mientras busca la dirección de Dios y su voluntad

Conferencia de Hombres SIAFU, 2015

Dr. Don L. Davis

Reino inconmovible, Guerrero inquebrantable

Coro

Reino inconmovible, guerrero inquebrantable
Por el Señor Todopoderoso (sí, sí, sí, sí!)
Reino inconmovible, guerrero inquebrantable
Del Rey resucitado (inconmovible, inconmovible) (repetir)

Verso

No va a ser sacudido, este bendito Reino que hemos recibido
No puedo estar equivocado, va a correr por toda la eternidad
Luchamos por el honor, con corazones de gratitud y temor
El fuego consumidor, nuestro santo Dios ha aparecido ahora

Verso

Hemos escuchado el llamado, nos estamos moviendo fuera
Estamos listos para la pelea,
Tenemos un plan, nos sacrificaremos
Y cuando se tiene razón – ¡atacaremos!
Y cuando se gane la victoria
Glorificaremos a nuestro Rey
Y con la voz de grito triunfal
al que nos hizo libres

Comparta el sufrimiento como buenos soldados de Cristo Jesús

Tu pues, mi hijo, esfuérzate en la gracia que es en Cristo Jesús; Lo que has oído de mí ante muchos testigos, esto encarga a hombres fieles que sean idóneos para enseñar también a otros. Tu pues sufre penalidades como buen soldado de Jesucristo. Ninguno que milita se enreda en los negocios de la vida, a fin de agradar a aquel que lo tomó por soldado.

~ 2 Timoteo 2:1-4

Aprender a esperar:
Soporte la prueba y la lucha mientras busca la dirección de Dios y su voluntad

Código del guerrero

Como hermanos llamados por Dios, confesamos que Jesús de Nazaret es el Señor, único hijo de Dios, nuestro Maestro y Rey. Representamos a su Reino, y buscamos agradar a Dios en nuestras relaciones y conducta. Seguiremos su plan, sacrificaremos todo para su gloria, y aprenderemos a esperar en su momento y la dirección de Él. Nuestro objetivo en la vida será glorificar a Jesús dondequiera que vayamos, en todo lo que decimos y hagamos, no importa a lo que nos enfrentemos o tengamos que soportar. Nos esforzaremos por ser hombres de honor, el remanente de los hermanos de Cristo, viviendo como guerreros inconmovibles para el Reino inquebrantable de Dios ¡Amén!

~ Una afirmación de nuestra victoria en Cristo

SESIÓN 3

Aprender a esperar
Soporte la prueba y la lucha mientras busca la dirección de Dios y su voluntad

Rev. Dr. Don L. Davis

> **El diablo tratará de aplastarnos por medio de engaños y artimañas**
> Hay mucho acerca de Satanás en las cartas de Pablo, pero hay poco del ataque directo de las fuerzas satánicas. . . . Por el momento, la mayoría de los ataques del diablo contra los cristianos no son directas, sino indirectas. Por eso se les llama las "artimañas" del Diablo. Astucia significa astucia, circularidad, algo que no es obvio. Necesitamos examinar esto más a fondo, del gran ataque del diablo y sus poderes contra la vida humana que no es por medios directos, sino indirectamente – por sugerencias satánicas a través de los eventos naturales y comunes de la vida.
>
> ~ Neil T. Anderson y Dave Park.
> *The Bondage Breaker [Rompiendo las cadenas]*.
> Eugene, OR: Harvest House Publishers, 1993, p. 46.

Como inquebrantables guerreros del Reino, tenemos que luchar juntos para liberar a nuestra generación del dominio del diablo.

Como inquebrantables guerreros del inconmovible Reino de Cristo, tenemos que aprender a . . .

- *Trabajar el plan:* Aprenda la disciplina de la siguiente estrategia
- *Hacer el sacrificio:* Ríndase por completo e incondicionalmente para representar a Cristo
- APRENDER A ESPERAR: *Soporte la prueba y la lucha a medida que busca la dirección de Dios y su voluntad*

I. Contacto: ¿Por qué es absolutamente crítico para un soldado espiritual nunca darse por vencido?

_____

La obediencia perseverante es la virtud más verdadera de un soldado

Sin lugar a dudas la obediencia es una gran virtud, una cualidad de un soldado. Obedecer pertenece, por excelencia, al soldado. Es su primera y última lección, y él debe aprender cómo practicar todo el tiempo, sin lugar a dudas, sin quejarse. La obediencia, por otra parte, es la fe en acción, y es la salida como es la misma prueba de amor. "El que tiene mis mandamientos y los guarda, ése es el que ama".

– E. M. Bounds.
The Necessity of Prayer [La Necesidad de la Oración] (edición electrónica).
WordSearch Bible Software, 2006.

_____

Carta de renuncia

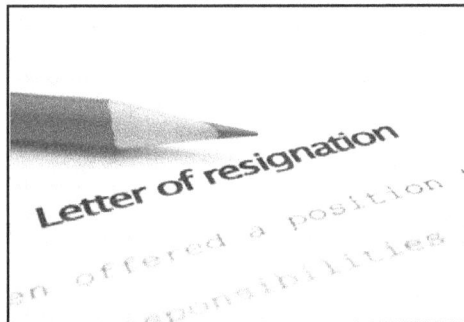

Encuentre las siguientes declaraciones que correspondan a sus referencias bíblicas correspondientes.

Ponga a prueba sus conocimientos de la enseñanza de la Escritura sobre la naturaleza de la persistencia, la perseverancia, y nunca darse por vencido.

1. No os ha sobrevenido tentación que no sea común	a. Lucas 11:4
2. No nos dejes caer en la tentación	b. Santiago 5:11
3. Porque no tenemos lucha contra sangre y carne	c. 1 Ped. 5:8
4. Job se mantuvo firme, y así debemos hacerlo nosotros	d. 1 Cor. 10:13
5. El diablo anda alrededor buscando a quien devorar	e. 2 Tes. 3:3
6. El Señor es fiel, y él nos cuidará y mantendrá	f. Gal. 6:10
7. Nosotros cosecharemos si no nos damos por vencidos	g. Ef. 6:12

Reflexione sobre su comprensión de aprender a esperar en el Señor . . .

V o F 1. La tentación de dejar de fumar es la misma que en realidad renunciar.

V o F 2. Cada creyente debe perseverar durante la prueba; nadie consigue un pase gratis.

V o F 3. El desaliento es una de las armas más fuertes del diablo contra los guerreros espirituales.

II. Contenido: Cada soldado debe aprender a ser paciente y perseverar – a nunca echarse para atrás o ceder.

A. DEFINA ESTO ESTRICTAMENTE. La perseverancia sale de y por el sufrimiento – perseveramos cuando sufrimos y superamos la prueba y los problemas.

"Agarra la línea"

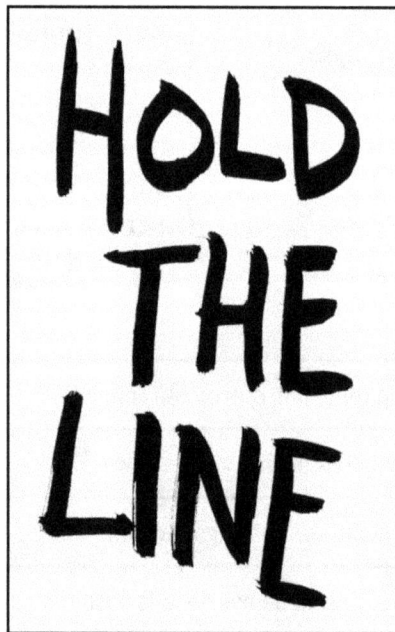

1. *El problema vendrá en diferentes tamaños, de diversos tipos, a veces al azar,* Santiago 1:2-3 – Hermanos míos, tened por sumo gozo cuando os halléis en diversas pruebas, [3] sabiendo que la prueba de vuestra fe produce paciencia.

2. *La perseverancia se sostiene bajo pruebas sin ceder,* 2 Tes. 1:4 – tanto, que nosotros mismos nos gloriamos de vosotros en las iglesias de Dios, por vuestra paciencia y fe en todas vuestras persecuciones y tribulaciones que soportáis.

3. *Debemos soportar las dificultades, sabiendo que el Señor estará junto a nosotros para que no renunciemos,* 2 Tim. 3:10-12 – Pero tú has seguido mi doctrina, conducta, propósito, fe, longanimidad, amor, paciencia, [11] persecuciones, padecimientos, como los que me sobrevinieron en Antioquía,

en Iconio, en Listra; persecuciones que he sufrido, y de todas me ha librado el Señor. [12] Y también todos los que quieren vivir piadosamente en Cristo Jesús padecerán persecución.

Nunca debemos ceder, nunca ceder

Nunca ceder - nunca, nunca, nunca, nunca, en nada grande o pequeño, grandes o pequeños, no ceder con excepción de las convicciones de honor y el buen sentido. Nunca ceder a la fuerza; nunca ceder al aparentemente abrumador poderío del enemigo.

~ Winston Churchill

B. ¡Desglóselo! El compromiso de cada soldado se pondrá a prueba y se prueba de nuevo. Simplemente debe trabajar el plan, hacer el sacrificio, y no ceder – un día a la vez!

1. *No desmaye,* Apo. 2:2-3 – Yo conozco tus obras, y tu arduo trabajo y paciencia; y que no puedes soportar a los malos, y has probado a los que se dicen ser apóstoles, y no lo son, y los has hallado mentirosos; [3] y has sufrido, y has tenido paciencia, y has trabajado arduamente por amor de mi nombre, y no has desmayado.

2. *No se rinda,* Gal. 6:7-10 – No os engañéis; Dios no puede ser burlado: pues todo lo que el hombre sembrare, eso también segará. [8] Porque el que siembra para su carne, de la carne segará corrupción; mas el que siembra para el Espíritu, del Espíritu segará vida eterna. [9] No nos cansemos, pues, de hacer bien; porque a su tiempo segaremos, si no desmayamos. [10] Así que, según tengamos oportunidad, hagamos bien a todos, y mayormente a los de la familia de la fe.

3. *No se vuelva atrás,* 10:35-39 – Por lo tanto no se deshaga de su confianza, que tiene una gran recompensa. [36] Porque os es necesaria la paciencia, para que cuando se han hecho la voluntad de Dios que usted puede recibir lo que se prometió. [37] Por "Todavía un poco tiempo, y el que viene vendrá, y no tardará; [38] pero el justo vivirá por la fe, y si se vuelve atrás, mi alma no se complace en él". [39] Sin embargo, nosotros no somos de los que retroceden para perdición, sino de los que tienen fe y preservar sus almas.

C. Revise esto. Los apóstoles exhortaron a los creyentes a pasarla duro, incluso en la cara de la prueba y resistencia.

1. *Fueron exhortados a permanecer fieles al Señor con corazón firme,* Hechos 11:20-23 – Pero había entre ellos unos varones de Chipre y de Cirene, los cuales, cuando entraron en Antioquía, hablaron también a los griegos, anunciando el evangelio del Señor Jesús. [21] Y la mano del Señor estaba con ellos, y gran número creyó y se convirtió al Señor. [22] Llegó la noticia de estas cosas a oídos de la iglesia que estaba en Jerusalén; y enviaron a Bernabé que fuese hasta Antioquía. [23] Este, cuando llegó, y vio la gracia de Dios, se regocijó, y exhortó a todos a que con propósito de corazón permaneciesen fieles al Señor.

No hay atajos a ningún lugar que valga la pena ir

There Are
NO Shortcuts
To
Any Place
Worth Going

2. *Se les dijo que iban a entrar en el Reino solamente después de soportar la persecución,* Hechos 14:21-23 – Y después de anunciar el evangelio a aquella ciudad y de hacer muchos discípulos, volvieron a Listra, a Iconio y a Antioquía, [22] confirmando los ánimos de los discípulos, exhortándoles a que permaneciesen en la fe, y diciéndoles: Es necesario que a través de muchas tribulaciones entremos en el reino de Dios. [23] Y constituyeron ancianos en cada iglesia, y habiendo orado con ayunos, los encomendaron al Señor en quien habían creído.

3. *¡Se les dijo que no podían soportar por sí solo: debían estar juntos o no es en absoluto!*, Fil. 1:27-28 – Solamente que os comportéis como es digno del evangelio de Cristo, para que o sea que vaya a veros, o que esté ausente, oiga de vosotros que estáis firmes en un mismo espíritu, combatiendo unánimes por la fe del evangelio, [28] y en nada intimidados por los que se oponen, que para ellos ciertamente es indicio de perdición, mas para vosotros de salvación; y esto de Dios.

III. Conexión: Aprender a esperar – Superar la frustración y el desaliento en la oración. Aprenda a defender su posición.

A. EL PRINCIPIO CLAVE. El desaliento engendra la derrota, pero la oración produce perseverancia.

B. EL DESALIENTO ENGENDRA DERROTAS. El desánimo se alimenta de la idea de que las cosas no cambiarán, no mejorarán, o volverán a ser superado. ¡Tenga cuidado de dudar, por si se enciende el desaliento!

1. *¡No importa lo que pase, recuerde que Dios tiene poder sobre usted!*, Sal. 37:23-24 – Por Jehová son ordenados los pasos del hombre, Y él aprueba su camino. [24]Cuando el hombre cayere, no quedará postrado, Porque Jehová sostiene su mano.

2. *¡Dios nos ha creado, nos ungió, y nos ha sellado – con el fin de que podamos seguir!*, 2 Cor. 1:21-22 – Y es Dios el que nos confirma con vosotros en Cristo, y ha ungido nosotros, [22] y que también ha puesto su sello en nosotros y nos ha dado su Espíritu en nuestros corazones como un garantía.

3. *¡Dios usa la prueba y los problemas para formarnos en guerreros espirituales calificados!*

Para ganar la recompensa, el guerrero de Dios debe perseverar en medio de la prueba

La paciencia es una resistencia activa de la oposición, no una resignación pasiva. La paciencia y el paciente se utilizan para traducir varias palabras hebreas y griegas. La paciencia es la resistencia, la firmeza, sufrimiento duradero, y abstención.

Dios es paciente (Rom. 15:5). Él es lento para la ira en relación a los hebreos (Éxo. 34: 6; Num. 14:18; Neh. 9:17; Sal. 86:15; Is. 48:9; Os. 11:8-9). Los hebreos eran con frecuencia rebeldes, pero Dios pacientemente trató con ellos. La parábola de los labradores de Jesús representa la paciencia de Dios con su gente (Marcos 12:1-11). La paciencia de Dios con los pecadores da tiempo para que se arrepientan (Rom. 2:4), especialmente en la aparente demora del regreso de Cristo (2 Ped. 3:9-10).

El pueblo de Dios tiene que ser paciente. El salmista aprendió a ser paciente cuando se enfrentó a la prosperidad de los malvados (Sal. 37:1-3, 9-13, 34-38). Los cristianos deben enfrentar la adversidad con paciencia (Rom. 5:3-5). La paciencia es un fruto del Espíritu (Gal. 5:22). El amor cristiano es paciente (1 Cor. 13: 4, 7). Los ministros han de ser pacientes (2 Cor. 6:6).

Los cristianos necesitan paciencia frente a la persecución. Hebreos subrayó la resistencia, la alternativa a la reducción dar la espalda durante la adversidad (Heb. 6:9-15; 10:32-39). Jesús es el gran ejemplo de resistencia (Heb. 12:1-3). La perseverancia es parte de la madurez (Santiago 1:2-4). La perseverancia de Job es otro ejemplo del sufrimiento de los cristianos (Santiago 5:11). Juan con frecuencia destacó la paciencia de los cristianos (Ap. 2:2, 19; 3:10; 13:10; 14:12). La paciencia del cristiano es en última instancia un regalo de Dios (Rom. 15:5-6; 2 Tes. 3:5).

~ Warren Williams. "Paciencia" en *Holman Bible Dictionary,* elec. ed. 2012.

a. *Produce carácter probado,* Rom. 5:3-4 – No sólo eso, sino que nos regocijamos en nuestras tribulaciones, sabiendo que la tribulación produce paciencia, [4] y la resistencia produce carácter, y el carácter produce esperanza.

b. *Produce constancia,* Santiago 1:3-4 – sabiendo que la prueba de vuestra fe produce paciencia. [4] Mas tenga la paciencia su obra completa, para que seáis perfectos y cabales, sin que os falte cosa alguna.

C. **La oración produce paciencia.** Todos los seres humanos en todas partes se dedican a una masiva batalla por el universo, sean conscientes de ello o no, Gen. 3:15.

El Espíritu Santo: El poder de Dios para perseverar en la prueba

El facultar para la batalla espiritual sólo viene del Espíritu Santo. Sólo él puede equipar y capacitar a los creyentes para soportar ante las batallas prolongadas, difíciles, y duras, a través de su fortaleza permanente.

- Proporciona el poder para vivir y crecer, cf. Isa. 11:2-3; véase también Isa. 42:1.
- El Espíritu **permite a los guerreros de Dios servir** con honor, Ez. 36:26-27; véase también Jer. 31:33.
- El Espíritu Santo provee al pueblo de Dios con **la profecía y visiones** Joel 2:28-29; cf. Hechos 2:17-18.
- El Espíritu Santo se revela a través de imágenes bíblicas: su poder: el **aceite**, 1 Sam. 10:1; 16:13; el **brazo de Dios**, Isa. 63:11-12; la **mano de Dios**, Ez. 3:14; 37:1; el **aliento de Dios**, Ez. 37.
- Él es Dios, sus obras reveladas en la **creación**, Gén. 1:2; Job 33:4; Sal. 104:30; en actos de **batalla y guerra**, Jueces 14:19; 3:10; 6:34; 11:29; 14:6; 15:14; 1 Sam. 11:6; 16:13; y en la **vida de sus sirvientes**, Miq. 3:8; Ver también Num. 11:17; 1 Sam. 10:6, 10.
- Jesús se llenó con el poder del Espíritu, demostrado en su concepción y nacimiento, Lucas 1:35; su enseñanza y ministerio; Mt. 7:28-29; 12:28; Mr. 1:22, 27; Lc. 4:14; 5:17; Hechos 10:38; en su resurrección, Rom. 1:4; 8:11; 1 Tim. 3:16; 1 Ped. 3:18.

El Espíritu Santo faculta a los apóstoles y los primeros cristianos, que sufrieron muchas pruebas y sufrimiento. Su poderosa presencia les permitió cumplir con la misión de la iglesia en su vida, especialmente en su testimonio y predicación, Hechos 1:8 con Lucas 24:49; Hechos 6:10; 16:7; 1 Cor. 2:4; 1 Tes. 1:5.

---

1. *La oración consistente, ferviente le permite no desmayar o darse por vencido,* Lucas 18:1-8 – También les refirió Jesús una parábola sobre la necesidad de orar siempre, y no desmayar, [2] diciendo: Había en una ciudad un juez, que ni temía a Dios, ni respetaba a hombre. [3] Había también en aquella ciudad una viuda, la cual venía a él, diciendo: Hazme justicia de mi adversario. [4] Y él no quiso por algún tiempo;

pero después de esto dijo dentro de sí: Aunque ni temo a Dios, ni tengo respeto a hombre, [5] sin embargo, porque esta viuda me es molesta, le haré justicia, no sea que viniendo de continuo, me agote la paciencia. [6] Y dijo el Señor: Oíd lo que dijo el juez injusto. [7] ¿Y acaso Dios no hará justicia a sus escogidos, que claman a él día y noche? ¿Se tardará en responderles? [8] Os digo que pronto les hará justicia. Pero cuando venga el Hijo del Hombre, ¿hallará fe en la tierra?

"If we pull this off, we'll eat like kings."

"Si tiramos esto, comeremos como reyes".

2. *Ore en todo momento para que le mantenga alerta y ayude a soportar,* Ef. 6:14-18 – Estad, pues, firmes, ceñidos vuestros lomos con la verdad, y vestidos con la coraza de justicia, [15] y calzados los pies con el apresto del evangelio de la paz. [16] Sobre todo, tomad el escudo de la fe, con que podáis apagar todos los dardos de fuego del maligno. [17] Y tomad el yelmo de la salvación, y la espada del Espíritu, que es la palabra de Dios; [18] orando en todo tiempo con toda oración y súplica en el Espíritu, y velando en ello con toda perseverancia y súplica por todos los santos.

1 Cor. 15:58 – Así que, hermanos míos amados, estad firmes y constantes, creciendo en la obra del Señor siempre, sabiendo que vuestro trabajo en el Señor no es en vano.

Como inquebrantables guerreros del inconmovible Reino de Cristo, tenemos que aprender a . . .

- *Trabajar el plan:* Aprenda la disciplina de la siguiente estrategia
- *Hacer el sacrificio:* Ríndase por completo e incondicionalmente para representar a Cristo
- Aprender a esperar: *Soporte la prueba y la lucha a medida que busca la dirección de Dios y su voluntad*

Apéndices

APÉNDICE 1

La Historia de Dios: Nuestras Raíces Sagradas

Rev. Dr. Don L. Davis

El Alfa y el Omega	Christus Victor	Ven, Espíritu Santo	Tu Palabra es Verdad	La Gran Confesión	Su vida en nosotros	Viviendo en el camino	Renacido para servir
El Señor Dios es la fuente, sostén y fin de todas las cosas en los cielos y en la tierra. Porque de él, y por él, y para él, son todas las cosas. A él sea la gloria por los siglos. Amén. Rom. 11:36.							
EL DRAMA DESPLAYADO DEL TRINO DIOS — La auto-revelación de Dios en la creación, Israel y Cristo				LA PARTICIPACIÓN DE LA IGLESIA EN EL DRAMA DESPLAYADO DE DIOS — Fidelidad al testimonio apostólico de Cristo y Su Reino			
El fundamento objetivo: El amor soberano de Dios — La narración de Dios sobre su obra de salvación en Cristo				La práctica subjetiva: Salvación por gracia mediante la fe — La respuesta gozosa de los redimidos por la obra salvadora de Dios en Cristo			
El Autor de la historia	*El Campeón de la historia*	*El Intérprete de la historia*	*El Testimonio de la historia*	*El Pueblo de la historia*	*La Re-creación de la historia*	*La Encarnación de la historia*	*La Continuación de la historia*
El Padre como el Director	Jesús como el Actor Principal	El Espíritu como el Narrador	La Escritura como el Guión	Como santos, Confesores	Como adoradores, Ministros	Como seguidores, Peregrinos	Como siervos, Embajadores
Cosmovisión Cristiana	*Identidad* Común	*Experiencia* espiritual	*Autoridad* Bíblica	*Teología* Ortodoxa	*Adoración* Sacerdotal	*Discipulado* Congregacional	*Testigo* del Reino
Visión teísta y trinitaria	Fundamento Cristo-céntrico	Comunidad habitada y llena del Espíritu	Testimonio canónico apostólico	Afirmación del credo antiguo de fe	Reunión semanal en la asamblea cristiana	Formación espiritual colectiva continua	Agentes activos del Reino de Dios
Voluntad Soberana	Representación mesiánica	Consolador Divino	Testimonio Inspirado	Repetición verdadera	Gozo sobresaliente	Residencia fiel	Esperanza Irresistible
Creador / Verdadero hacedor del cosmos	Recapitulación / *Tipos* y cumplimiento del pacto	Dador de vida / Regeneración y adopción	Inspiración Divina / La Palabra inspirada de Dios	La confesión de fe / Unión con Cristo	Canto y celebración / Recitación histórica	Supervisión pastoral / Pastoreo del rebaño	Unidad explícita / Amor para los santos
Dueño / Soberano de toda la creación	Revelador / Encarnación de la Palabra	Maestro / Iluminador de la verdad	Historia sagrada / Registro histórico	Bautismo en Cristo / Comunión de los santos	Homilías y Enseñanzas / Proclamación profética	Espiritualidad compartida / Viaje común a través de las disciplinas espirituales	Hospitalidad radical / Evidencia del reinado del Reino de Dios
Gobernador / Controlador bendito de todas las cosas	Redentor / Reconciliador de todas las cosas	Ayudador / Dotación y poder	Teología bíblica / Comentario divino	La regla de fe / El Credo Apostólico y el Credo Niceno	La Cena del Señor / Re-creación dramática	Encarnación / *Anamnesis* y *Prolepsis* a través del año litúrgico	Generosidad excesiva / Buenas obras
Cumplidor del pacto / Fiel prometedor	Restaurador / Cristo, el vencedor sobre los poderes del mal	Guía / Presencia Divina y gloria de Dios	Alimento espiritual / Sustento para el viaje	El Canon Vicentino / Ubicuidad, antigüedad, universalidad	Presagio escatológico / El YA y El Todavía No	Discipulado efectivo / Formación espiritual en la asamblea de creyentes	Testimonio evangélico / Haciendo discípulos a todo grupo de personas

APÉNDICE 2

Desde antes hasta después del tiempo: El plan de Dios y la historia humana

Adaptado por Suzanne de Dietrich. *God's Unfolding Purpose [Desplayando el propósito de Dios]*. Philadelphia: Westminster Press, 1976.

I. Antes de los tiempos (El pasado eterno) 1 Cor. 2:7
  A. El eterno Dios trino
  B. El propósito eterno de Dios
  C. El misterio de la iniquidad
  D. Los principados y los poderes

II. El comienzo de los tiempos (Creación y caída) Gén. 1:1
  A. Palabra creativa
  B. Humanidad
  C. Caída
  D. Reino de muerte y primeras señales de la gracia

III. Desarrollo de los tiempos (El plan de de Dios revelado por medio de Israel) Gál. 3:8
  A. Promesa (Patriarcas)
  B. El éxodo y el pacto en Sinaí
  C. Tierra Prometida
  D. La ciudad, el templo, y el trono (Profeta, Sacerdote, y Rey)
  E. El exilio
  F. El remanente

IV. El cumplimiento de los tiempos (La encarnación del Mesías) Gál. 4:4-5
  A. El Rey viene a Su Reino
  B. La realidad actual de Su reino
  C. El secreto del Reino: el Ya y el Todavía no
  D. El Rey crucificado
  E. El Señor resucitado

V. Los últimos tiempos (El descenso del Espíritu Santo) Hch. 2:16-18
  A. Entre los tiempos: La Iglesia como anticipo del Reino
  B. La iglesia como agente del Reino
  C. El conflicto entre los Reinos de las tinieblas y de la luz

VI. El cumplimiento de los tiempos (La segunda venida) Mt. 13:40-43
  A. El regreso de Cristo
  B. El Juicio
  C. La consumación de Su Reino

VII. Más allá de los tiempos (Futuro eterno) 1 Cor. 15:24-28
  A. Entrega del Reino a Dios Padre
  B. Dios como el Todo en Todo

Desde antes hasta después del tiempo
Bosquejo de las Escrituras sobre los puntos más importantes

I. Antes de los tiempos (El pasado eterno)
1 Cor. 2:7 – Mas hablamos sabiduría de Dios en misterio, la sabiduría oculta, la cual Dios predestinó antes de los siglos para nuestra gloria (comp. Tito 1:2).

II. El comienzo de los tiempos (Creación y caída)
Gén. 1:1 – En el principio creó Dios los cielos y la tierra.

III. Desarrollo de los tiempos (El plan de de Dios revelado por medio de Israel)
Gál. 3:8 – Y la Escritura, previendo que Dios había de justificar por la fe a los gentiles, dio de antemano la buena nueva a Abraham, diciendo: En ti serán benditas todas las naciones (comp. Rom. 9:4-5).

IV. El cumplimiento de los tiempos (La encarnación del Mesías)
Gál. 4:4-5 – Pero cuando vino el cumplimiento del tiempo, Dios envió a su Hijo, nacido de mujer y nacido bajo la ley, para que redimiese a los que estaban bajo la ley, a fin de que recibiésemos la adopción de hijos.

V. Los últimos tiempos (El descenso del Espíritu Santo)
Hch. 2:16-18 – Mas esto es lo dicho por el profeta Joel: Y en los postreros días, dice Dios, derramaré de mi Espíritu sobre toda carne, y vuestros hijos y vuestras hijas profetizarán; vuestros jóvenes verán visiones, y vuestros ancianos soñarán sueños; y de cierto sobre mis siervos y sobre mis siervas en aquellos días derramaré de mi Espíritu, y profetizarán.

VI. El cumplimiento de los tiempos (La segunda venida)
Mt. 13:40-43 – De manera que como se arranca la cizaña, y se quema en el fuego, así será en el fin de este siglo. Enviará el Hijo del Hombre a sus ángeles, y recogerán de su reino a todos los que sirven de tropiezo, y a los que hacen iniquidad, y los echarán en el horno de fuego; allí será el lloro y el crujir de dientes. Entonces los justos resplandecerán como el sol en el reino de su Padre. El que tiene oídos para oír, oiga.

VII. Más allá de los tiempos (Futuro eterno)
1 Cor. 15:24-28 – Luego el fin, cuando entregue el reino al Dios y Padre, cuando haya suprimido todo dominio, toda autoridad y potencia. Porque preciso es que él reine hasta que haya puesto a todos sus enemigos debajo de sus pies. Y el postrer enemigo que será destruido es la muerte. Porque todas las cosas las sujetó debajo de sus pies. Y cuando dice que todas las cosas han sido sujetadas a él, claramente se exceptúa aquel que sujetó a él todas las cosas. Pero luego que todas las cosas le estén sujetas, entonces también el Hijo mismo se sujetará al que le sujetó a él todas las cosas, para que Dios sea todo en todos.

Apéndice 3

Jesús de Nazaret: La presencia del futuro

Rev. Dr. Don L. Davis

La cruz:
El centro de revelación
y redención

Creación

Pacto

Iglesia

Consumación

Creación: El reinado del Dios Todopoderoso

Glorificación: Cielos nuevos y tierra nueva

El Espíritu   "La era del
de Dios   Espíritu"

La   La   La   Entre
Caída   promesa   Iglesia   los tiempos
                divina

Maldición   Abraham   Señal y anticipo
(muerte)   Isaac   Testimonio profético
                      Jacob   La promesa cumplida
Esclavitud   Judá
Egoismo   David
Enfermedad

La encarnación
"¡El Reino está cerca!"
Invasión del dominio de Satanás
Revocación de la maldición
Anticipos de la era venidera
Promesa del Espíritu Santo
Derrota de los poderes y principados

Apéndice 4

Diseñado para representar: Multiplicando discípulos del Reino de Dios

Rev. Dr. Don L. Davis

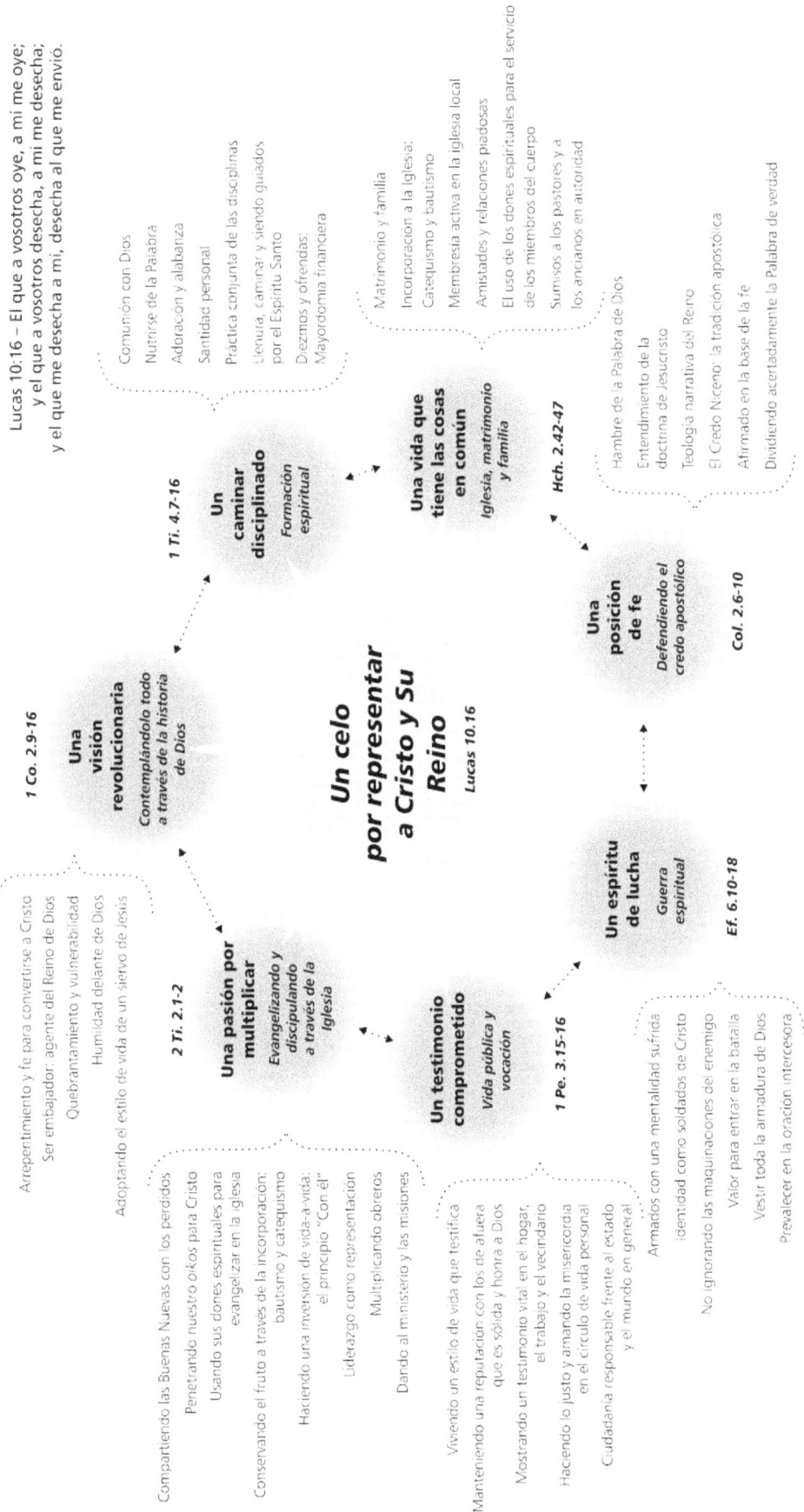

Lucas 10:16 – El que a vosotros oye, a mí me oye; y el que a vosotros desecha, a mí me desecha; y el que me desecha a mí, desecha al que me envió.

Un celo por representar a Cristo y Su Reino
Lucas 10.16

Una visión revolucionaria — *Contemplándolo todo a través de la historia de Dios* — 1 Co. 2.9-16
- Arrepentimiento y fe para convertirse a Cristo
- Ser embajador: agente del Reino de Dios
- Quebrantamiento y vulnerabilidad
- Humildad delante de Dios
- Adoptando el estilo de vida de un siervo de Jesús

Una pasión por multiplicar — *Evangelizando y discipulando a través de la iglesia* — 2 Ti. 2.1-2
- Compartiendo las Buenas Nuevas con los perdidos
- Penetrando nuestro oikos para Cristo
- Usando sus dones espirituales para evangelizar en la iglesia
- Conservando el fruto a través de la incorporación: bautismo y catequismo
- Haciendo una inmersión de vida-a-vida: el principio "Con él"
- Liderazgo como representación
- Multiplicando obreros
- Dando al ministerio y las misiones

Un caminar disciplinado — *Formación espiritual* — 1 Ti. 4.7-16
- Comunión con Dios
- Nutrirse de la Palabra
- Adoración y alabanza
- Santidad personal
- Práctica conjunta de las disciplinas
- Llenura, caminar y siendo guiados por el Espíritu Santo
- Diezmos y ofrendas: Mayordomía financiera

Una vida que tiene las cosas en común — *Iglesia, matrimonio y familia* — Hch. 2.42-47
- Matrimonio y familia
- Incorporación a la iglesia: Catequismo y bautismo
- Membresía activa en la iglesia local
- Amistades y relaciones piadosas
- El uso de los dones espirituales para el servicio de los miembros del cuerpo
- Sumisos a los pastores y a los ancianos en autoridad

Una posición de fe — *Defendiendo el credo apostólico* — Col. 2.6-10
- Hambre de la Palabra de Dios
- Entendimiento de la doctrina de Jesucristo
- Teología narrativa del Reino
- El Credo Niceno: la tradición apostólica
- Afirmado en la base de la fe
- Dividiendo acertadamente la Palabra de verdad

Un espíritu de lucha — *Guerra espiritual* — Ef. 6.10-18
- Armados con una mentalidad sufrida
- Identidad como soldados de Cristo
- No ignorando las maquinaciones del enemigo
- Valor para entrar en la batalla
- Vestir toda la armadura de Dios
- Prevalecer en la oración intercesora

Un testimonio comprometido — *Vida pública y vocación* — 1 Pe. 3.15-16
- Viviendo un estilo de vida que testifica
- Manteniendo una reputación con los de afuera que es sólida y honra a Dios
- Mostrando un testimonio vital en el hogar, el trabajo y el vecindario
- Haciendo lo justo y amando la misericordia en el círculo de vida personal
- Ciudadanía responsable frente al estado y el mundo en general

Apéndice 5

La joroba

Rev. Dr. Don L. Davis • 1 Timoteo 4:9-16; Hebreos 5:11-14

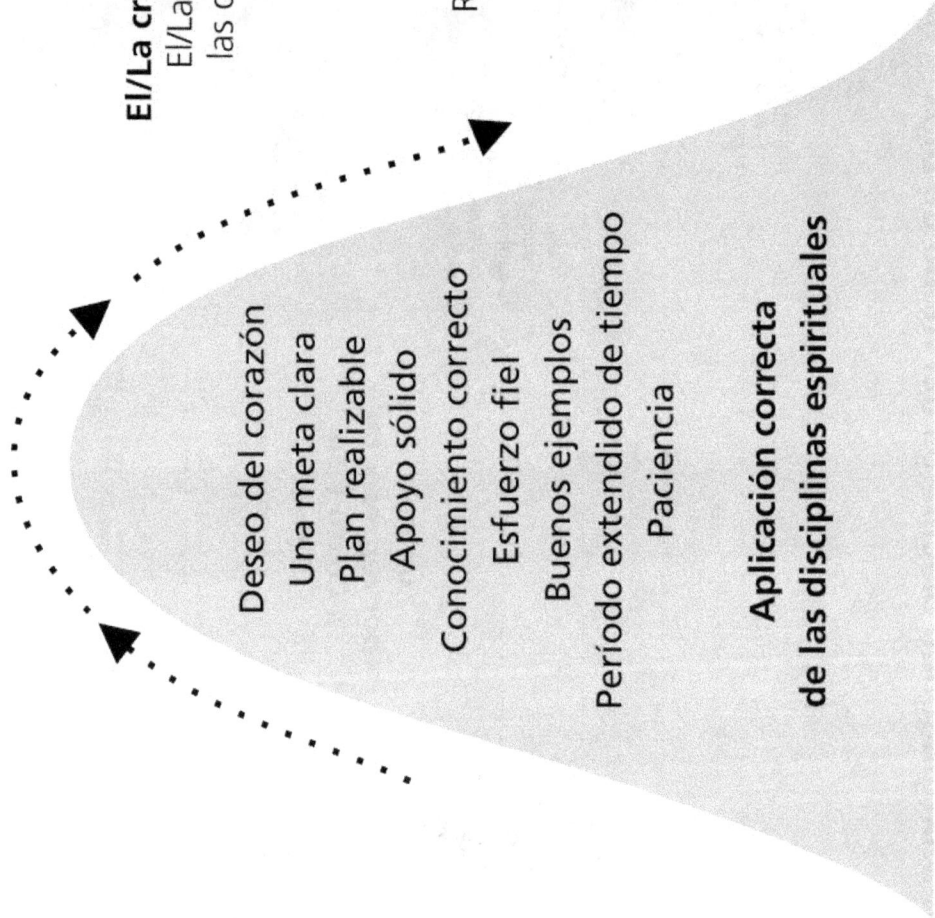

El/La cristiano/a maduro/a
El/La creyente maduro/a y las disciplinas espirituales

- Aplicación fiel
- Gracia
- Respuesta automática
- Comodidad
- Satisfacción personal
- Excelencia
- Pericia
- Entrena a otros

Deseo del corazón
Una meta clara
Plan realizable
Apoyo sólido
Conocimiento correcto
Esfuerzo fiel
Buenos ejemplos
Período extendido de tiempo
Paciencia

Aplicación correcta de las disciplinas espirituales

El/La cristiano/a bebé
El/La nuevo/a creyente y las disciplinas espirituales

- Se siente raro/a
- Falta de habilidad
- Errores
- Rudeza
- Comportamiento esporádico
- Inconformidad
- Ineficiencia
- Rendimiento de novato/a

APÉNDICE 6
Pasos para equipar a otros
Rev. Dr. Don L. Davis

Paso uno
Logrará tener un destacado dominio del oficio al practicarlo con regularidad, excelencia y gozo. Aunque no es necesario llegar a la perfección, debe esforzarse por crecer más y más en esta práctica. Este es el principio fundamental de todo discipulado. No puede enseñar lo que no sabe o hace, ya que cuando su alumno esté completamente capacitado, será igual que usted (Lc. 6:40).

Paso dos
Seleccione un aprendiz que desee al igual que usted desarrollarse en el ministerio de enseñanza, que sea enseñable, fiel y dispuesto. Jesús llamó a los doce para capacitarlos y luego enviarlos a predicar (Mc. 3:14). No hubo en esta relación ningún tipo de confusión o coerción. Los papeles que cada uno debía ocupar en esta relación estaban claramente delimitados, discutidos y aceptados.

Paso tres
Instruya y modele la tarea en presencia de su aprendiz. Él/ella se acerca a usted para escuchar y observar lo que hace en materia de enseñanza. Haga esto regularmente y con excelencia para que su alumno vea en usted la mejor manera de llevar a cabo este ministerio. Una imagen vale mil palabras. Esta clase de observación no le genera presión alguna y es importante para un profundo entrenamiento (2 Ti. 2:2; Fil. 4:9).

Paso cuatro
Haga la tarea y la practican juntos. Luego de haber sido modelo de su alumno de diversas maneras, es tiempo que le invite a cooperar en su ministerio a medida que sigue con su entrenamiento. Trabajen juntos en armonía para lograr tener éxito, siendo éste el objetivo que se debe procurar.

Paso cinco
El aprendiz hace la tarea por sí mismo, estando usted presente. Provea la oportunidad a su alumno de enseñar a otros mientras lo observa y escucha. Déle consejos, motívelo y guíelo en la tarea. Después de esto, evalúelo en aquellas cosas que ha observado. (2 Co. 11:1).

Paso seis

Su aprendiz hace las cosas solo, practicando con regularidad y excelencia hasta que consigue un destacado domino del oficio. Después que su alumno haya estado bajo su supervisión, estará listo para ser independiente y llevar a cabo su propio ministerio. Estará a la par de su aprendiz; él ya no necesitará de su capacitación. El objetivo es familiarizarse con la tarea para irse perfeccionando en la misma (Heb. 5:11-15).

Paso siete

Su aprendiz es ahora mentor de otros, ya que seleccionará otros aprendices fieles para equiparlos y entrenarlos. El proceso de entrenamiento produce fruto cuando los alumnos logran llevar a cabo lo que han aprendido de usted, llegando a ser capacitadores de otros. Éste es el concepto fundamental del proceso de disciplina y entrenamiento (Heb. 5:11-14; 2 Ti. 2:2).

APÉNDICE 7
La ley de la siembra y la cosecha
Rev. Dr. Don L. Davis

Las leyes de la siembra y la cosecha: La disciplina personal y la fecundidad	
La Ley	**La Explicación**
Usted cosecha lo que siembra	Sembrar para el Espíritu y cosechar lo mejor de Dios
Usted cosechará lo que otros han sembrado	Transciende la cosecha que ha heredado
Usted cosecha lo mismo en especie de lo que siembra	Elija con cuidado lo que quiere cosechar antes de sembrar
Usted cosecha en proporción a lo que siembra	Sembrar más para obtener más a cambio
Usted cosecha en una temporada diferente de cuando siembra	Aprenda a ser paciente mientras espera la cosecha
Usted cosecha más de lo que siembra	Va a ser mejor (o peor) de lo que dio
Siempre se puede trascender de la cosecha del año pasado	Dios da el crecimiento, así que confíe en él solamente

No podemos dejar de ver que las [personas] que han logrado maravillas en la ciencia moderna y tecnología son [personas] de muy grande disciplina interior. Nadie ha tenido éxito al seguir el camino de menor resistencia.

~ Elton Trueblood. *The Yoke of Christ [El yugo de Cristo]*.
Waco, TX: Word Books, 1958. p. 128.

La oración y la afirmación de Dios

No os engañeis: Dios no puede ser burlado, todo lo que el hombre sembrare, eso también segará. [8] Porque el que siembra para su carne, de la carne segará corrupción, pero el que siembra para el Espíritu, del Espíritu segará vida eterna. [9] Así que no nos cansemos de hacer el bien, porque a su tiempo segaremos, si no desmayamos.

~ Gálatas 6:7-9

Apéndice 8

Desde la ignorancia hasta el testimonio creíble

Rev. Dr. Don L. Davis

Testimonio - Habilidad para testificar y enseñar
2 Ti. 2:2
Mt. 28:18-20
1 Jn. 1:1-4
Pr. 20:6
2 Co. 5:18-21

*Lo que has oído de mí ante muchos testigos,
esto encarga a hombres fieles que sean idóneos
para enseñar también a otros.*
~ 2 Ti. 2:2

8

Estilo de vida - Apropiación consistente y práctica habitual, basadas en valores propios
Heb. 5:11-6:2
Ef. 4:11-16
2 Pe. 3:18
1 Ti. 4:7-10

*Y Jesús crecía en sabiduría y en estatura,
y en gracia para con Dios y los hombres.*
~ Lc. 2:52

7

Demostración - Expresar convicción en conducta, palabras y acciones correspondientes
Stg. 2:14-26
2 Co. 4:13
2 Pe. 1:5-9
1 Ts. 1:3-10

Mas en su palabra echaré la red.
~ Lc. 5:5

6

Convicción - Comprometerse a pensar, hablar y actuar a la luz de la información
Heb. 2:3-4
Heb. 11:1, 6
Heb. 3:15-19
Heb. 4:2-6

¿Crees esto?
~ Jn. 11:26

5

Discernimiento - Comprender el significado e implicación de la información
Jn. 16:13
Ef. 1:15-18
Col. 1:9-10
Is. 6:10; 29:10

Pero ¿entiendes lo que lees?
~ Hch. 8:30

4

Conocimiento - Tener habilidad creciente para recordar y recitar información
2 Ti. 3:16-17
1 Co. 2:9-16
1 Jn. 2:20-27
Jn. 14:26

Porque ¿qué dice la Escritura?
~ Ro. 4:3

3

Interés - Responder a ideas o información con curiosidad, sensibilidad y franqueza
Sal. 42:1-2
Hch. 9:4-5
Jn. 12:21
1 Sm. 3:4-10

Ya te oiremos acerca de esto otra vez.
~ Hch. 17:32

2

Conciencia - Ser expuesto de forma general a ideas e información
Mc. 7:6-8
Hch. 19:1-7
Jn. 5:39-40
Mt. 7:21-23

*En aquel tiempo Herodes el tetrarca
oyó la fama de Jesús.*
~ Mt. 14:1

1

Ignorancia - Comportarse con ingenuidad
Ef. 4:17-19
Sal. 2:1-3
Ro. 1:21; 2:19
1 Jn. 2:11

*¿Quién es el SEÑOR para que yo
escuche su voz y deje ir a Israel?*
~ Ex. 5:2

0